SACA PROVECHO DE TU ENTREVISTA DE EVALUACIÓN

Los secretos para sacar lo mejor de una entrevista de evaluación

Por Caroline Cailteux

Traducido por Laura Soler Pinson

Coaching · en50MINUTOS.es

¿CÓMO SACAR PROVECHO DE UNA ENTREVISTA DE EVALUACIÓN?   1

EL ABECÉ DE LA ENTREVISTA DE EVALUACIÓN EFICAZ Y DISTENDIDA   3

La evaluación, un soporte complejo

Evaluar el rendimiento

La entrevista de evaluación: instrucciones de uso

LOS MEJORES CONSEJOS   24

PREGUNTAS FRECUENTES   30

¿Con qué frecuencia debo organizar entrevistas de evaluación?

¿Cómo instaurar un ambiente de confianza en una entrevista?

¿Se puede hablar de todo durante la entrevista?

Mi entrevista de evaluación es negativa, ¿cómo debo reaccionar?

¿Cómo reaccionar ante un empleado que se opone a toda evaluación?

¿Cómo identificar los obstáculos que dificultan alcanzar los objetivos fijados en el marco de la evaluación y ayudar a las personas a superarlos?

¡AHORA ES TU TURNO!   39

Ejercicio de autoevaluación

PARA IR MÁS ALLÁ   42

¿CÓMO SACAR PROVECHO DE UNA ENTREVISTA DE EVALUACIÓN?

- **¿Problemática?** ¿Cómo preparar una entrevista de evaluación y qué actitudes adoptar para transformar este balance profesional en un *feedback* constructivo para el mánager y para la persona evaluada?
- **¿Utilidad?** Evaluar los resultados de un periodo determinado y fijar nuevos objetivos para mejorar las competencias del empleado, siempre ofreciendo un marco de intercambio favorable al desarrollo profesional.
- **¿Contexto profesional?** Gestión de los recursos humanos, gestión, desarrollo profesional.
- **¿Preguntas frecuentes?**
  - ¿Con qué frecuencia debo organizar entrevistas de evaluación?
  - ¿Cómo instaurar un ambiente de confianza en una entrevista?
  - ¿Se puede hablar de todo durante la entrevista?
  - Mi entrevista de evaluación es negativa, ¿cómo debo reaccionar?
  - ¿Cómo reaccionar ante un empleado que se opone a toda evaluación?
  - ¿Cómo identificar los obstáculos que dificultan alcanzar los objetivos fijados en el marco de la evaluación y ayudar a las personas a superarlos?

A pesar de que la entrevista de evaluación suele ser un momento temido, es un paso obligado para todos los empleados. Con tan solo nombrarla, se despierta nuestro miedo a ser juzgados. Sin embargo, es un lugar de intercambio privilegiado entre el mánager y su empleado. En efecto, si se lleva a cabo de manera eficaz, participa en el buen desarrollo de la empresa y en el bienestar de cada uno.

Entonces, ¿cómo prepararnos para salir satisfechos y motivados de la entrevista? ¿Cómo crear un entorno que propicie el intercambio? ¿Cómo tranquilizar al empleado y ponerlo cómodo para que dé y recopile la información que le ayudará a progresar y a vislumbrar nuevos horizontes en su trabajo? Te presentamos en 50 minutos las claves del éxito para acabar con los miedos relacionados con esta etapa y para transformar esta entrevista en un encuentro constructivo. Este libro se dirige a todos los actores que desempeñan un papel durante este proceso: empleadores, mánager, directores de RR. HH. y, por supuesto, empleados. Los consejos que te ofrecemos a continuación te permitirán sacar provecho de tus entrevistas de evaluación, un proceso en el que el aspecto humano, incluido en la gestión de recursos humanos, cobra todo su sentido.

EL ABECÉ DE LA ENTREVISTA DE EVALUACIÓN EFICAZ Y DISTENDIDA

La evaluación en unas palabras

La entrevista de evaluación se organiza generalmente una vez al año, y brinda la oportunidad al director de RR. HH. (o a uno de sus compañeros del mismo departamento) y al evaluado de hacer el balance de un periodo determinado y de fijar objetivos de desarrollo para el siguiente periodo. Esta conversación privilegiada, cara a cara, puede perseguir varios objetivos:

- definir las expectativas del mánager, del evaluado y de los clientes;
- identificar los problemas que se han encontrado analizando (de manera condescendiente) las tareas efectuadas;
- observar la evolución, evaluar los puntos fuertes y débiles del evaluado, valorar las acciones pasadas, considerar los ajustes necesarios y dibujar las perspectivas futuras;
- hacer un balance de la motivación y de la carrera de un empleado;
- determinar las necesidades para motivar para permitir que el empleado progrese y elaborar un plan de desarrollo y de formación;
- aclarar los malentendidos y, en caso necesario, volver a instaurar una relación constructiva.

Los comentarios y las notas sobre el rendimiento y las competencias del empleado se presentan en una tabla de evaluación.

¡CUIDADO!

La evaluación no debe ser:

- un lugar de sanción o de agresión, donde se saldan las cuentas;
- el juicio de una persona. El empleado no debe ser juzgado por lo que es. El director de RR. HH. debe analizar objetivamente los hechos;
- un monólogo. El empleado debe poder expresarse sobre sus frustraciones y sus dificultades, y su superior debe escucharlo.
- una fuente de estrés. Al contrario, debe ser un lugar de tranquilidad.

Tipo de evaluación	Evaluación diagnóstica (objetivo: orientar)	Evaluación formativa (objetivo: regular)	Evaluación sumativa (objetivo: certificar)
Qué se analiza	Los recursos	El proceso	El resultado
Preguntas que deben considerarse al final de la entrevista	¿Cuáles son las competencias necesarias para ejercer esta función?	¿Las estrategias adoptadas para activar las competencias del empelado son adecuadas? ¿Hay que efectuar algún ajuste?	¿Cómo puedo resaltar los éxitos y dar un feedback correctivo en caso de fracaso?

Los diferentes tipos de evaluación

La evaluación de un empleado no debe tomarse a la ligera. Se trata de un proceso complejo que el mánager debe acompañar de una reflexión previa. En efecto, hay que definir los elementos que serán evaluados, así como el proceso utilizado para llevar la entrevista en la buena dirección y ofrecer un *feedback* constructivo al empleado. En su obra *Méthodologie du recueil d'informations* («Metodología de la recopilación de información»), los especialistas Jean-Marie De Ketele y Xavier Roegiers explican que lo que fija el objetivo y, por lo tanto, el proceso que habrá que emplear (decisiones de mejora de un proceso, de continuación o no de un proyecto, de promoción, etc.) es la naturaleza de las decisiones que tenemos la intención de tomar al final de la evaluación. En un sentido más amplio, según estos dos autores, la evaluación puede servir para:

- **orientar**. A menudo, se desarrolla antes de la acción y su reto es decidir si se han asimilado los conocimientos de una etapa antes de pasar a la siguiente. Por ejemplo, al final de la evaluación, la persona que dirija la entrevista tendrá la capacidad de valorar si el evaluado es apto o no para ocupar una función. ¿El individuo responde a las exigencias del perfil? ¿Debe ser reorientado o formado? En el marco de estas evaluaciones, se da preferencia a procesos como el análisis de las necesidades y el diagnóstico de puntos fuertes y débiles de la persona;
- **regular**. El objetivo es recopilar información útil para corregir un funcionamiento con vistas a mejorar el rendimiento. Al final de la entrevista, el evaluador y el evaluado se ponen de acuerdo sobre las acciones que

deben implementarse para ajustar el proceso. Siguiendo con nuestro ejemplo, el mánager diagnosticará los puntos fuertes y débiles del papel que desempeña el empleado dentro del sistema de operaciones, así como las estrategias establecidas;
- **certificar**. A menudo, esta forma de evaluación tiene lugar al final de un proyecto y lleva a una comprobación de éxito o de fracaso. Se centra en el estudio de los resultados (positivos o negativos) y en el balance de conocimientos (con la descripción de los que se dominan o no). Al final de esta evaluación, el mánager o el responsable de los recursos humanos decidirá, por ejemplo, ofrecer un ascenso o contratar de manera indefinida al evaluado.

Se puede efectuar el *feedback* del empleado a través de estos tres tipos de evaluación. La forma escogida varía en función del objetivo que se le atribuye a la evaluación, del sentido que se le da y del momento en el que se desarrolla.

¿Qué evaluador?

La esencia de la evaluación difiere según el papel y el lugar que ocupa el evaluador en la empresa. Esta puede ser efectuada por:

- **uno mismo (autoevaluación)**. La propia persona analiza sus puntos fuertes y débiles para fijarse sus propios objetivos. Este proceso va de la mano de la motivación, puesto que el empleado se implica en el proceso y se prepara para la entrevista anual;
- **un superior jerárquico o un responsable**. Puesto que se trata de la evaluación más extendida, nuestro libro se

centrará en ella. Puede llevarla a cabo el superior directo o la persona que está justo por encima de él;

- **un igual.** Este tipo de entrevistas es muy útil para evaluar la credibilidad de los productos o servicios que ofrece un empleado. Cuando el superior jerárquico no es un experto en el ámbito en el que trabaja el colaborador al que evalúa, llama a otros especialistas para valorar la calidad de las tareas efectuadas. Por ejemplo, este es el caso en los comités de redacción antes de una publicación o en el sector de la investigación;
- **uno de los subordinados.** Esto permite que tengamos un *feedback* sobre la visión que comparten los empleados en cuanto a la jerarquía y a sus métodos de gestión;
- **un cliente o un consumidor.** Es útil si deseamos medir la satisfacción de los clientes, puesto que ofrece una visión de conjunto de los puntos que deben mejorarse en cuanto al producto o al servicio propuesto;
- **una combinación de diferentes evaluadores,** como la evaluación de 360 grados.

LA EVALUACIÓN DE 360 GRADOS

Este método evalúa las competencias de un empleado con la ayuda de varios indicadores: sus compañeros, sus superiores e incluso sus clientes. Las personas en cuestión, incluido el evaluado, rellenan el mismo formulario y puntúan el trabajo de este último. Las respuestas de los observadores son anónimas y se calcula la media de los resultados. Este tipo de evaluación sirve para obtener una perspectiva más completa y objetiva que la que suelen proporcionar los métodos tradicionales. Así, el evaluado puede comparar su propia percepción con la que sus compañeros tienen de su trabajo.

EVALUAR EL RENDIMIENTO

En su obra *The substantive nature of job performance variability. In individual differences and behavior in organizations*, los prestigiosos profesores Campbell, Gasser y Oswald explican que, para evaluar nuestro propio rendimiento o el de nuestros subordinados, debemos considerar el conjunto de acciones y/o comportamientos pertinentes dentro de la empresa. El rendimiento no se resume simplemente a los recursos empleados o al resultado de las acciones: son las acciones como tal que rinden cuentas de la contribución del empleado a los objetivos de la empresa. Más allá del resultado, que no siempre está totalmente controlado por la persona (ausencia de medios, colaboraciones infructuosas, incidentes contextuales, etc.), es importante que también nos centremos en el comportamiento exhibido y en los procesos desplegados.

El modelo multifactorial de Campbell y de sus socios identifica ocho elementos que debemos tener en cuenta en el ámbito del rendimiento (hacer caso omiso de los componentes vinculados a las actividades de supervisión si la evaluación no versa sobre este tipo de función):

• las competencias específicas a la función;
• las competencias no específicas a la función;

- las competencias relativas a la comunicación escrita y oral;
- la demostración de esfuerzos en la actividad;
- el mantenimiento de una disciplina personal;
- la colaboración y la contribución en el rendimiento del equipo y de los compañeros;
- las competencias en las actividades de supervisión y de liderazgo;
- las competencias en gestión/administración.

La tabla que te presentamos a continuación recoge estos ocho elementos. Las preguntas que formulamos aquí facilitan considerablemente la preparación para la entrevista de evaluación, ya seas evaluador o evaluado. Además, debes privilegiar algunos aspectos en función de las decisiones que deseas tomar y del tipo de evaluación que contemplas.

	Evaluador	Evaluado
COMPETENCIAS ESPECÍFICAS	• ¿Qué competencias se han definido como prioritarias en el puesto del evaluado?	• ¿Qué competencias se han definido como prioritarias en mi puesto?
	• ¿Qué comportamientos he observado (acciones, ideas o actitudes relacionales) para cada una de estas competencias?	• ¿En qué situaciones he podido demostrar todas estas competencias? ¿Qué he llevado a cabo en concreto?
	• ¿Qué nivel de dominio atribuyo a los comportamientos observados?	• ¿Cuál es mi nivel de dominio de las competencias esperadas? ¿Estoy cómodo en la implementación de estas competencias, independientemente del contexto?
	• ¿Dónde se sitúan los puntos fuertes y débiles del evaluado?	• ¿Dónde se sitúan mis puntos fuertes y débiles?
	• ¿Cuáles son las acciones correctivas o las formaciones que podrían llevarse a cabo para ayudar a que la persona mejore?	• ¿Qué soluciones podría llevar a cabo y qué formaciones necesitaría para mejorar?
COMPETENCIAS NO ESPECÍFICAS	• ¿La persona evaluada participa en actividades o proyectos complementarios a su función inicial?	• ¿En qué actividades y proyectos he participado fuera del marco inicial de mi función?
	• En caso afirmativo, ¿ha demostrado otras competencias en estas situaciones? ¿Cuáles? ¿Qué comportamientos me han permitido identificarlo?	• ¿Qué competencias he mostrado para la ocasión? ¿De qué manera?

Ejemplo de tabla para evaluar las competencias

Evaluación del nivel de dominio, de aprendizaje y de las competencias, basada en observaciones concretas	Sin experiencia	En proceso de aprendizaje	Capaz en situación conocida	Capaz en situaciones nuevas	Apropiación y dominio en cualquier contexto
TELEPROSPECCIÓN • ha estructurado su manera de proceder antes de iniciar la prospección • ha identificado un nuevo nicho de clientes potenciales • ha averiguado correctamente las necesidades de los clientes					
VENTA • ha aumentado sus ventas en los productos clásicos • ha contribuido al incremento de las ventas proponiendo una nueva presentación del producto					
CONSEJO • ha aconsejado a los clientes acerca de la nueva gama de servicios bajo la supervisión de su mentor					
OTRA(S) COMPETENCIA(S)					

	Evaluador	**Evaluado**
COMUNICACIÓN	• ¿En qué situaciones he observado las competencias de comunicación oral y escrita de la persona evaluada?	• ¿En qué situaciones he sentido que he demostrado mis aptitudes para comunicar?
	• ¿Qué medios de comunicación domina? ¿En qué puntos debería mejorar? ¿Qué sugiero?	• ¿Qué medios de comunicación domino? ¿En qué puntos podría mejorar? ¿Cuáles son mis propuestas?
SUPERVISIÓN	• ¿En qué medida el evaluado contribuye al rendimiento de sus subordinados? ¿Qué hechos me empujan a pensar que su modo de liderazgo es apropiado y eficaz (fijar objetivos, influir en la adopción de comportamientos esperados, recompensar o sancionar de manera adecuada)? ¿Cuáles son mis consejos?	• ¿Qué acciones podría describir para presentar mis cualidades de liderazgo y mi contribución en el rendimiento de mis subordinados? ¿Cuáles son mis necesidades (medios técnicos, más personal, formación en gestión de conflictos, etc.)?
GESTIÓN / ADMINISTRACIÓN	• ¿Cuáles son los comportamientos y los hechos que he podido observar en relación con las aptitudes de gestión de la persona evaluada (independientemente de los aspectos de supervisión directa que aparecen más arriba)?	• ¿En qué situación he mostrado mis cualidades de líder?
	• ¿Ha formulado correctamente los objetivos que deben alcanzarse?	• ¿He controlado el desarrollo de los procesos?
	• ¿Ha organizado correctamente los recursos o el trabajo de las personas?	• ¿He contribuido en la resolución de problemas o de situaciones de crisis para permitir que se alcancen los objetivos?
	• Desde un punto de vista administrativo, ¿el evaluado ha contribuido al desarrollo del departamento (incremento de los recursos humanos, financieros, materiales, etc.)?	• ¿He obtenido recursos suplementarios (se han concluido contratos, se han generado ganancias, se han obtenido herramientas u otros recursos a través de una colaboración, etc.)?

	Evaluador	**Evaluado**
ESFUERZO	• ¿El evaluado se esfuerza en el trabajo? ¿Ha mostrado constancia en el esfuerzo? ¿Se ha esforzado más allá de lo que estaba indicado? ¿La persona sabe trabajar en condiciones difíciles (periodo de estrés, intensidad, etc.)? ¿Qué le motiva o le desmotiva frente al esfuerzo?	• ¿En qué medida tengo la sensación de haberme esforzado lo suficiente en el trabajo? ¿Me he mostrado constante en mi esfuerzo? ¿Me he esforzado más allá de lo que estaba indicado? ¿Qué me permite acreditarlo? ¿Qué me motiva o desmotiva frente al esfuerzo?
DISCIPLINA	• ¿He observado comportamientos negativos o contraproducentes como el consumo de alcohol o de sustancias ilegales en el lugar de trabajo, violaciones de las normativas o un absentismo excesivo? ¿Qué me permite acreditarlo? ¿Cómo voy a abordar el tema?	• ¿He tenido comportamientos negativos o contraproducentes que se me podrían reprochar durante la entrevista? ¿Qué actitud voy a adoptar si se aborda el tema durante la entrevista?
	• CONSEJO: consulta al departamento de recursos humanos, al asesor psicológico o a un médico para preparar tu manera de abordar el tema durante la entrevista.	• CONSEJO: si tienes problemas personales, háblalo en privado con personas de confianza, con tu asesor psicológico o con tu médico del trabajo.
COLABORACIÓN	• ¿La persona evaluada ayuda y respalda a sus compañeros? ¿Facilita el trabajo en equipo?	• ¿Cuáles son las situaciones en las que he contribuido al rendimiento de mis compañeros a través de colaboraciones eficaces, aportándoles ayuda, soporte, etc.?

Fijar los objetivos

Para que una persona competente sea eficaz y responda a las expectativas de la empresa, es importante orientar sus acciones definiendo objetivos precisos. Imagina que los entrenadores de dos equipos de fútbol se contentan con pedir a sus jugadores que chuten el balón. Por mucho que estos regateen como nadie, el partido no revestirá ningún interés. Por el contrario, si retamos a esos mismos jugadores a que marquen el mayor número posible de goles, los estaremos motivando. Lo mismo ocurre en el trabajo: para alentar el rendimiento, es necesario dar un sentido a las acciones que efectuamos e inscribirlas en la línea de los objetivos de la empresa. Tanto si eres evaluador como evaluado, asegúrate de que cada acción responde a los objetivos de la empresa, del equipo y de la función planteándote las siguientes preguntas:

- ¿Cuáles son los objetivos comunes de los empleados para responder a las expectativas de la empresa? ¿Cuáles son los objetivos comunes de los miembros del equipo para implementar estas estrategias? ¿Cuáles son los objetivos individuales para efectuar lo que se espera a nivel operativo y estratégico? ¿Los objetivos individuales son coherentes con los colectivos?
- ¿Qué tipo de resultados deseas obtener? ¿De qué naturaleza (producto, servicio)? ¿Con qué intención (ganancia, producción masiva, innovación, notoriedad, servicio colectivo, aplicación de legislación, etc.)?
- ¿Qué elementos muestran que los objetivos se han cumplido adecuadamente? ¿Cómo medir los desfases entre lo que deseas y los resultados obtenidos?
- ¿Cómo recopilar esta información (entrevista, formulario, observación, análisis de datos, etc.)? ¿Con qué frecuencia? ¿Qué coste representa? ¿Esta información está accesible fácilmente?
- ¿Los criterios que has elegido para comprobar que se alcanzan los objetivos son eficaces y pertinentes? ¿O tienes

que escoger otros indicadores?

Método SMART

El método SMART (por sus siglas en inglés) sirve para formular objetivos de manera inteligente para que los empleados nos entiendan más fácilmente. Para ello, estos fines deben ser:

- **(S)** específicos (*specific* en inglés), es decir, claros y precisos para que todo el mundo los comprenda;
- **(M)** medibles gracias a indicadores. Así podrás saber en qué punto estás;
- **(A)** alcanzables, pero ambiciosos para que se conviertan en una fuente de motivación;
- **(R)** realistas, en coherencia con la política de la empresa y la función del empleado;
- **(T)** temporales, o dicho de otra manera, fijados en el tiempo con plazos finales e intermedios.

Definir los criterios de rendimiento

Existen diversos indicadores que sirven para medir y evaluar el rendimiento. En efecto, según Jean-Marie De Ketele y Xavier Roegiers, evaluar es «confrontar un conjunto de datos a un conjunto de criterios (referencial)»[1] (De Ketele y Roegiers 2009, 33). Igual que utilizamos un metro para medir y una balanza para pesar objetos, el mánager debe definir previamente los criterios pertinentes en función de la

---

1. Cita traducida por 50Minutos.es

cultura de su empresa. También es necesario que establezca indicadores distintos, dependiendo de los puestos y de las misiones. Pregúntate qué deseas evaluar. ¿Qué criterios quieres poner de relieve? Por ejemplo, emplea cuestionarios para sondear la satisfacción de los clientes, análisis de datos para calcular las cantidades de producción o las ganancias, entrevistas para evaluar la calidad de un proceso, estadísticas para calcular la desviación con respecto a una norma definida, etc. Los indicadores constituyen puntos de referencia que valorarán los desfases entre los resultados esperados y los reales.

Según Claude Lévy-Leboyer, profesor de psicología del trabajo, existen dos tipos de indicadores: los indicadores objetivos y los indicadores subjetivos. En el primer grupo entrarían, por ejemplo, el respeto de un presupuesto, la estimación de las cantidades producidas, la frecuencia, el respeto de los plazos, la cantidad de errores, el nivel de satisfacción de los clientes, la calidad de los productos ofrecidos, el respeto de la seguridad, etc. Sin embargo, el empleado no siempre controla estos elementos, por lo que conviene comprobar la pertinencia del análisis de estos indicadores teniendo en cuenta la función del evaluado (en el sector social, por ejemplo). El segundo tipo, el de los indicadores subjetivos, parece ser el más empleado en las evaluaciones. Entre las técnicas más frecuentes, encontramos las escalas de puntuación de comportamiento:

- **las escalas gráficas**, por ejemplo:

Totalmente insatisfactorio |........|........|.........|........| Muy satisfactorio

- **las escalas de observación conductual llamadas «BARS»** (*Behaviorally Anchored Rating Scales*) que describen conductas reales para cada nivel de la escala de puntuación (en principio, elaborada por expertos en la función). Claude Lévy-Leboyer, en su obra *Évaluation du personnel. Quels objetctifs? Quelles méthodes?* («Evaluación del personal. ¿Qué objetivos? ¿Qué métodos?»), presenta un ejemplo interesante de la dimensión «relación con los clientes» de un empleado de banca;

Grado superior del indicador	Grado inferior del indicador
«Se muestra muy atento para aconsejar a los clientes y ocuparse de sus problemas. Siempre es paciente y está dispuesto a dar las explicaciones necesarias, incluso a clientes difíciles. Busca reducir la espera en ventanilla y adelantarse a las necesidades de los consumidores».	«A menudo se encuentra en la base de incidentes con los clientes por falta de buena voluntad o por incompetencia. Parte del principio de que el cliente no necesita entender las operaciones efectuadas».

- **las escalas de observación «BOS»** (*Behavior Observation Scale*) representan una versión mejorada de las BARS. Describen de manera más resumida comportamientos para los distintos niveles de la escala e invitan al evaluador a indicar la frecuencia de observación del comportamiento en el evaluado. Por ejemplo:

Casi nunca 1 – 2 – 3 – 4 – 5 Casi siempre

Casi nunca 1 – 2 – 3 – 4 – 5 Casi siempre

Casi nunca 1 – 2 – 3 – 4 – 5 Casi siempre

Casi nunca 1 – 2 – 3 – 4 – 5 Casi siempre

GUIÑO A LOS MÁNAGER

- Adapta la importancia de los criterios en función de los puestos. Por ejemplo, la puntualidad es un principio esencial en una actividad comercial, mientras que, para un contable, el número de errores evitados tendrá más peso.
- Aunque las prioridades varían de una profesión a otra, también se ven influidas por los objetivos del departamento o del sector de actividad y por el contexto. Las prioridades del departamento financiero y los criterios de éxito (crecimiento, ganancias, etc.) difieren de las de un departamento social (medios implementados, pertinencia de los proyectos, cualidades relacionales, etc.).
- Las prioridades de tu empresa evolucionan con el tiempo: las de hoy quizás no sean de las de hace diez años. Redefine a intervalos regulares los indicadores que has escogido y vigila su pertinencia

contextual.
- No olvides que estás evaluando a personas que están en constante evolución. Toma indicadores de rendimiento distintos para un novato y para un empleado con experiencia.

No abordes únicamente los criterios que analizan los procesos y los resultados: interésate también por el de la motivación. ¿Cuáles son los elementos que motivan en tu empresa? ¿Compartir valores comunes, la estabilidad, la remuneración, las opciones para formarse, las posibilidades de ascenso, la autonomía en la función, etc.? ¿Qué aspectos deben conservarse y cuáles deben modificarse para que no decaiga la motivación? El evaluado considerará importante definir sus propios criterios de motivación y el evaluador deberá interesarse por ellos para mantener la determinación del grupo.

LA ENTREVISTA DE EVALUACIÓN: INSTRUCCIONES DE USO

El marco de la entrevista

Para favorecer el sentimiento de seguridad y de respeto, y para instaurar un clima de confianza, asegúrate de informar con antelación de los siguientes elementos a la persona a la que evaluarás:

- **la fecha, la hora, el lugar y la duración de la evaluación**. Avisa con unos quince días de antelación para que la persona en cuestión pueda prepararse lo mejor posible;

- **las modalidades de preparación y de recursos** (¿mandarás rellenar un cuestionario de autoevaluación o un documento tipo?);
- **el objetivo de la evaluación** en el proyecto global de la empresa;
- **el objeto exacto de la evaluación:** las competencias vinculadas a su función, al rendimiento del equipo, su forma de proceder, sus tareas realizadas, los incidentes críticos, su conducta en el trabajo, etc.;
- **los medios de evaluación:** escala de puntuación, lista de conductas observadas sobre el terreno, otro referencial;
- **el desarrollo de la entrevista,** con sus diferentes etapas.

GUIÑO AL EMPLEADOR

- Organiza la entrevista durante un periodo tranquilo para la empresa para que tu juicio no se vea afectado por aspectos externos y el encuentro se desarrolle en un clima apacible.
- No cojas por sorpresa a la persona convocándola el día antes para una entrevista de evaluación, puesto que esta actitud podría generar resistencia.
- Encuentra un lugar neutro en el que nadie te molestará.
- Prepárate mentalmente para estar en una buena disposición y para adoptar una actitud condescendiente.
- Prevé un tiempo suplementario (entre una hora y una hora y media) en el que estarás disponible en el caso de que el evaluado tuviera preguntas o comentarios que añadir.

Una preparación mutua

Gran parte del éxito de la entrevista proviene de la preparación: llegar con las manos en los bolsillos (tanto evaluado como evaluador) es la mejor manera de no lograr ningún resultado. Para establecer un diálogo constructivo, cada parte debe prepararse por su lado y, para ello, debe tener en cuenta los criterios de rendimiento que serán estudiados. (*cf.* Evaluar el rendimiento). Se pueden utilizar varios documentos en este punto del proceso:

- la información escrita recibida sobre el colaborador (cartas de agradecimiento o de reclamación, memorándum, etc.);
- los documentos informáticos o gráficos (tabla de ausencias, de resultados, etc.);
- el currículo del empleado;
- la entrevista de evaluación del año anterior (si existe);
- la autoevaluación del empleado (que habrá efectuado antes de la entrevista);
- la tabla de evaluación para el año actual. El mánager, que la rellenará durante la entrevista, puede transmitir al empleado una versión en blanco antes del encuentro para que este último sepa qué competencias se evaluarán y prepare sus argumentos.

Etapa a etapa

Una vez que se haya efectuado la preparación, es el momento de que te lances. ¿Pero cómo se desarrolla la famosa entrevista de evaluación? La tabla que te presentamos a continuación te resultará útil, seas evaluador o evaluado.

Etapas	Acciones	¿Quién?
Bienvenida	• Poner cómoda a la persona para establecer una relación de confianza desde el principio. • Informar al empleado acerca del desarrollo de la entrevista. • Recordar los objetivos de la entrevista de evaluación. • Preguntar al empleado acerca de sus expectativas con respecto a la entrevista.	El mánager
Balance de los resultados y del rendimiento global del colaborador	• Análisis de los resultados obtenidos con respecto a los objetivos fijados. • Análisis de los éxitos y dificultades que se han presentado en el cumplimiento de estos objetivos. • Evaluación de las competencias técnicas y conductuales necesarias para el puesto. • Propuesta de un plan de acción relativo a la evolución, al desarrollo y/o a la formación del evaluado.	Ambas partes
Negociación de los objetivos para el año que viene	• Presentación de los objetivos generales de la empresa, de su dirección, de su servicio, etc. • Definición y redacción de los objetivos individuales según el método SMART.	El mánager y, a continuación, diálogo entre ambas partes para definir los objetivos individuales
Definición de los objetivos profesionales	• Conversación sobre el proyecto profesional del colaborador (posibilidad de formaciones, de ascenso, de movilidad geográfica, etc.).	Ambas partes
Otras preguntas	• Intercambio acerca de los diversos problemas observados en la empresa: ambiente, sobrecarga de trabajo, etc.	El evaluado
Conclusión de la entrevista	• Comprobar que se han tratado todos los puntos esenciales. • Resumir las decisiones tomadas durante la entrevista, las acciones correctivas y los nuevos objetivos. • Recordar los compromisos recíprocos y la evolución que cada uno deberá imprimir a corto plazo. • Fijar la fecha de la siguiente entrevista en el marco del seguimiento. • Firmar la ficha de evaluación por ambas partes, para significar el acuerdo.	Ambas partes

Lo ideal es que abandonéis la entrevista habiendo llegado a un acuerdo en el que todas las partes salgan ganando, pero desgraciadamente no siempre sucede así. Aun así, esto no significa que la reunión haya fracasado: míralo con perspectiva y mantén el optimismo.

> En resumen, evaluar es dejar las cosas claras, comunicar, motivar, desarrollar, responsabilizar, dar sentido y valorar.

LOS MEJORES CONSEJOS

- **Pon cómodo a tu interlocutor**. Los primeros segundos de la entrevista son importantes y marcan el tono de la reunión. Por consiguiente:
  - dale la bienvenida con una actitud condescendiente (pregúntale cómo han transcurrido sus últimas vacaciones, si ha tenido un buen fin de semana, etc.);
  - adapta tu apretón de manos;
  - sonríe, ten una actitud abierta;
  - invita a la persona a que se siente;
  - vístete siguiendo el código de vestimenta de tu empresa (camisa limpia, corbata, etc.) como señal de respeto;
  - no adoptes un tono demasiado cálido ni demasiado agresivo.
- **Plantea preguntas a tu interlocutor** para alimentar el diálogo:

Cuando tratas un tema delicado	«¿Cuál es tu opinión sobre esto?», «¿Qué piensas de esta dificultad, de este tema?»
Cuando la persona afirma ideas que te sorprenden o en las que quieres profundizar	«¿Tú crees?», «¿Qué quieres decir?», «¿En qué criterios te basas?», «¿Me puedes poner algún ejemplo?», «¿En qué medida piensas eso?», «¿Qué interpretas?»
Si te surgen dudas con respecto a algún punto	«¿Cómo puede ser que...?», «¿Qué te llevó a decidir eso o a actuar así?»
Cuando la persona emite un juicio	«¿Qué te lleva a pensar que...?»

Fuente: Barrier 2013, 26.[2]

- **Valora a tus empleados para motivarlos**. Robert Eisenberger, profesor de psicología de la Universidad de Houston, y Florence Stinglhamber, doctora en ciencias psicológicas, han llevado a cabo varios estudios en los que se invita a valorar a los empleados, en vez de a despreciarlos. De tantas encuestas que se efectúan internamente, los trabajadores se hacen una idea más o menos precisa de la medida en la que la empresa y su superior valoran sus aportaciones. El apoyo que observarán influirá en su bienestar, y también en su implicación y en su rendimiento en el trabajo, por ejemplo. Si evalúas a tus empleados, debes saber que ellos harán lo mismo contigo. Valora sus aportaciones y muestra interés por

---

2. Traducido por 50Minutos.es

ellos, felicítalos. Cuanta más preocupación por ellos y por su trabajo perciban en ti, más se implicarán. Da prioridad a enunciados como: «Me he dado cuenta de que has hecho…», «Gracias por haber hecho…», «Enhorabuena por la claridad del expediente que me has enviado…», «Has mejorado mucho a nivel comercial, he recibido un muy buen *feedback* de los clientes x e y», «Gracias por haber ayudado a Pierre a terminar su expediente ayer por la noche…», etc. Desde una perspectiva más amplia, no esperes a la entrevista de evaluación para dar un *feedback* positivo a tus colaboradores.

- **¡Escoge bien tus palabras**! Joseph A. DeVito, Gilles Chassé y Carole Vézeau, autores de *La communication interpersonnelle* («La comunicación interpersonal») nos recomiendan:
  - hablar de las situaciones, no de las personas, y optar por los «hay» en vez de por los «tú no has…»;
  - formular la crítica en positivo. Por ejemplo, «esta redacción no es correcta» se convierte en «prefiero la segunda redacción»;
  - adoptar la crítica constructiva. Por ejemplo, «redactas mal» se convierte en «deberías volver a analizar la estructura de tu informe para que tus compañeros lo entiendan mejor»;
  - no herir las susceptibilidades. Por ejemplo, «tu texto es demasiado largo» se convierte en «¿por qué no suprimes ciertos pasajes de tu texto para que sea más fluido?»;
  - ser preciso. Por ejemplo, «no has hecho un buen trabajo» se convierte en «tus conclusiones son demasiado vagas, deberían aparecer de manera más clara».

- Muestra empatía.
- Evita reprimir la emoción expresada diciendo «no llores», «no te enfades por esto», «no estés triste, no es tan grave», «no te preocupes, terminarás por recibir un ascenso», etc.
- Mantente a la escucha y no hables de ti: «He vivido una situación similar...».
- Pregunta a la persona acerca de sus sentimientos. «¿Hay otros aspectos que deseas que abordemos juntos?», «¿Quieres que hablemos de ello?», «¿Qué te enfada?», etc.

PARA EL EVALUADO

- **Asegúrate de que has entendido bien el objeto de la reunión**. El reto de la evaluación orientará las decisiones que te afectarán al final de la entrevista. Por lo tanto, es fundamental que te comprometas con el proceso: evalúa tus competencias para orientarte hacia una función, determina tu funcionamiento y los ajustes necesarios, determina tu nivel de rendimiento y tu acceso a una bonificación o a otro puesto, etc.
- **Prepárate**. Tómate tu tiempo para hacer un balance de tus competencias, tus tareas efectuadas, las dificultades a las que te has enfrentado y las soluciones que podrías proponer, los puntos delicados que te gustaría tratar y la manera de formularlos de manera constructiva.
- **Interactúa durante la entrevista**. Aunque sea tu

superior el que te evalúa, eso no quiere decir que debas mostrarte pasivo. Adopta una actitud activa evocando, por ejemplo, ideas o soluciones: tu implicación en la entrevista demostrará tu motivación. Si eres introvertido, prepara una nota que harás llegar al evaluador y pídele que la lea atentamente.

- **Domina tu lenguaje corporal**. Mira a tu interlocutor a los ojos, cuida tu postura, mantente recto, con la cabeza alta, muestra confianza. Si te sientes estresado, intenta respirar tranquilamente y canalizar tus gestos para que sean lo más armoniosos posibles. Para acabar, no te acerques demasiado al evaluador cuando expreses tus impresiones, pero tampoco dejes demasiada distancia entre vosotros. El punto medio favorecerá la dinámica del intercambio.
- **No te quedes con dudas**. Si no has entendido lo que el evaluador te está transmitiendo, pídele que lo repita o que lo reformule. No te vayas de la entrevista sin haber comprendido las conclusiones del evaluador: son fundamentales para el futuro.
- **Evita criticar a tus compañeros**. Expresa lo que sientes en la situación y describe el comportamiento que ha originado tu descontento. Por ejemplo, «me enfada que Nadine encienda la radio en la oficina, porque me impide concentrarme. Me gustaría hablar de esto. ¿Qué me aconsejas?». La mejor solución sigue siendo hablar directamente con las personas en cuestión.

LA ACTITUD DEL GANADOR

El efecto Pigmalión, descubierto por Robert Rosenthal

(psicólogo estadounidense, nacido en 1933), es una profecía autocumplida que consiste en aumentar las posibilidades de éxito de un individuo emitiendo creencias positivas acerca de sus capacidades. Así, si imaginas que vas a alcanzar tu objetivo, adoptarás inconscientemente conductas que condicionarán que realmente suceda.

El efecto inverso se llama Golem. Por ejemplo, si estás seguro de que la entrevista irá mal, presentarás una actitud negativa durante su desarrollo, por lo que tu convicción inicial se convierte en realidad.

PREGUNTAS FRECUENTES

¿CON QUÉ FRECUENCIA DEBO ORGANIZAR ENTREVISTAS DE EVALUACIÓN?

Para muchas empresas, la entrevista de evaluación se desarrolla una vez al año, aunque son los mánager y los directores de RR. HH. los que deciden lo que será más eficaz y ventajoso para la empresa. Intenta organizar varias pequeñas entrevistas durante el año para quitarle hierro al acontecimiento. Así, también estarás más disponible para tus empleados y mostrarás más reactividad para volver a establecer un marco al equipo, en caso de que sea necesario.

¿CÓMO INSTAURAR UN AMBIENTE DE CONFIANZA EN UNA ENTREVISTA?

Para crear un clima de confianza en el marco de tu entrevista, cultiva este sentimiento todos los días; esto resultará más eficaz que si lo intentas el día antes. En efecto, la confianza se construye. En su obra *Les comportements suscitant la confiance des subordonnés. Un examen de trois déterminants possibles* («Los comportamientos que generan la confianza de los subordinados. Un examen de tres puntos determinantes posibles»), Annick Ebacher, Danielle Desbiens y Roland Foucher, investigadores en psicología, han estudiado la cuestión e identifican distintas conductas que deberás desarrollar para ganarte la confianza de tus subordinados: la constancia, la integridad, el cumplimiento de las promesas, la disponibilidad, la competencia, la lealtad, la equidad, la discreción, la apertura, la receptividad, la exactitud de la información, el hecho de compartir, la delegación de poderes y la retroacción (*feedback*). Intenta dar prioridad a varias de estas actitudes para inspirar confianza en tus equipos. Instaurar un clima de confianza influye en la satisfacción de los empleados, en su rendimiento, en su compromiso con los procesos innovadores, en su comportamiento y en el deseo de interactuar contigo. Slim Lambert, autor de la obra *Les secrets du leader manager idéal* («Los secretos del líder mánager ideal»), propone trucos para desarrollar este sentimiento de confianza:

- no reveles ninguna información confidencial;
- no adjudiques la responsabilidad de tus errores a tus compañeros;
- vela por mantener la equidad y evita el favoritismo;
- ve al encuentro de las personas sobre el terreno y tómate tu tiempo para conversar con ellas de manera informal;
- valora los esfuerzos rápidamente tras su realización;
- implícate en algunas de las preocupaciones cotidianas que no están directamente vinculadas con tu papel de supervisor: felicita los cumpleaños y las fiestas, conversa con tus empelados acerca de la disposición de la oficina para una mayor comodidad, participa en los botes para los cumpleaños o los nacimientos, etc.;
- otorga el derecho al error y acompaña a tus colaboradores en una reflexión para ayudarlos a afinar la puntería si fuera necesario.

¿SE PUEDE HABLAR DE TODO DURANTE LA ENTREVISTA?

La entrevista de evaluación es un lugar de intercambio en el que las personas en cuestión deben poder evocar todos los puntos que les parecen problemáticos. Puedes abordar los siguientes aspectos:

- los objetivos que evidencian las expectativas del mánager, del evaluado, de los clientes, etc., dentro de la empresa;
- los éxitos y los fracasos. No se trata de juzgar, sino de analizar lo que no funciona y sus motivos para aplicar soluciones eficaces;
- las necesidades materiales o de formación para mantener y mejorar el rendimiento;
- la motivación, el sueldo y las posibilidades de desarrollo profesional;
- los conflictos, malentendidos o diversos problemas relativos al bienestar (mal ambiente, sobrecarga de trabajo, mal funcionamiento de las herramientas, etc.).

MI ENTREVISTA DE EVALUACIÓN ES NEGATIVA, ¿CÓMO DEBO REACCIONAR?

No importa que tengas un sentimiento satisfactorio o insatisfactorio al final de la evaluación: adopta una actitud constructiva. Para mostrar que estás enfocado hacia la solución, prepara previamente algunas vías de reflexión. Así, imagina medidas que podrías proponer para facilitar que se logren resultados. Si te comportas como un *problem solver*, enviarás una imagen potente, valorada por el evaluador y gratificante para ti. Más allá del propio resultado, es importante que distingas qué obstáculos te has encontrado y que evalúes el proceso generando soluciones. Independientemente de si eres evaluador o evaluado, el modelo «IDEAL» ofrece una tabla de lectura que ayuda a discernir la piedra en el zapato que no te deja avanzar.

Modelo IDEAL		Preguntas para determinar dónde se estanca el proceso de búsqueda de soluciones:
I	**Identificar** los problemas	¿La persona ha identificado los problemas que se presentaban ante ella?
D	**Definir** y representar el problema	¿La persona ha definido correctamente los problemas, en coherencia con las representaciones de la empresa y de los otros miembros del equipo?
E	**Explorar** las posibles estrategias	¿La persona ha explorado adecuadamente las alternativas?
A	**Actuar** según estas estrategias	¿La persona ha elaborado un plan de acción?
L	**Mirar atrás** (*Look back*) y evaluar los efectos de tus acciones	¿La persona ha evaluado los efectos de sus acciones?

Fuente: Bransford y Stein 1984, 12.[3]

Testimonio

Aline organiza una formación destinada a sus compañeros

---

3. Traducido por 50Minutos.es

para informarles de los cambios en materia de normativa. Pasa muchas horas preparando su presentación, prevé en particular un Prezi (herramienta de presentación basada en el principio de un PowerPoint) para que el enfoque sea más dinámico. La víspera de su evaluación es el momento de demostrar sus competencias. Cuando conoce las opiniones de los participantes, Aline está totalmente desconcertada. Globalmente, se muestran insatisfechos, no les ha gustado el soporte de comunicación que, desde su punto de vista, generaba una cierta confusión, y no sienten que puedan aplicar la nueva normativa tras la formación.

El día de la entrevista de evaluación, el mánager de Aline, que ha tenido noticias del fracaso, está sorprendido por su actitud, aparentemente indiferente, tras este reciente revés. Aline le expone toda la situación en la entrevista: «Seguramente, ya estarás al tanto del fracaso de la formación acerca de la nueva normativa. He repensado la fórmula, y quería aprovechar esta ocasión para hablarlo contigo». Aline quería demostrar su talento como formadora durante la reunión, pero a cambio, habrá sorprendido a su superior por su orientación hacia la solución.

¿Qué ha ocurrido? (Lectura IDEAL)

I – Directamente después del taller, Aline se ha informado para identificar los elementos que no han gustado de su formación. Analiza los formularios de evaluación y pregunta a algunos participantes.

D – Ha definido su problema, y constata que se trataba de una problemática en el método de formación.

E – Ha explorado otras vías preguntando a su entorno y

haciendo algunas búsquedas en internet.

A – Ha implementado un plan de acción, en el que ha decidido optar por un método de presentación más apropiado al contenido. De hecho, ha repasado el ritmo y ha elaborado diferentes ejercicios para permitir que los participantes asimilen las nuevas nociones a través de la práctica.

L – Tras haber probado la nueva presentación ante dos compañeros, de los que ha recibido opiniones positivas, se siente preparada para enfrentarse a su nuevo público.

¿CÓMO REACCIONAR ANTE UN EMPLEADO QUE SE OPONE A TODA EVALUACIÓN?

André Guittet, autor de *L'entretien. Techniques et pratiques* («La entrevista. Técnicas y prácticas»), propone reaccionar de las siguientes maneras frente a las distintas actitudes difíciles. Debemos señalar que las palabras que emplea el especialista corresponden a etiquetas y no a diagnósticos psiquiátricos.

- **Frente al paranoico**: no alimentar las polémicas o intentar justificar decisiones, y mantener una actitud firme.
- **Frente al perverso**: no expresar nuestras opiniones o nuestras emociones, apoyarnos en hechos y dejar que el interlocutor se exprese sobre el tema.
- **Frente al ansioso**: ponerlo cómodo valorándolo y animándolo.
- **Frente al temperamental**: evitar la confrontación directa, recordando las reglas o poniendo directamente en entredicho sus afirmaciones, y canalizar sus emociones.

- **Frente al narcisista**: dejar que tome la palabra y, después, fijar límites explicándole lo que es aceptable y lo que no.
- **Frente al histérico**: mostrarse fáctico para favorecer una nueva perspectiva.
- **Frente al obsesivo**: presentar argumentos de manera progresiva y dejar tiempo al interlocutor para que reflexione sobre las pruebas tangibles que le has brindado.
- **Frente al depresivo**: relativizar y ayudarle a relativizar.

¿CÓMO IDENTIFICAR LOS OBSTÁCULOS QUE DIFICULTAN ALCANZAR LOS OBJETIVOS FIJADOS EN EL MARCO DE LA EVALUACIÓN Y AYUDAR A LAS PERSONAS A SUPERARLOS?

Nuestra historia se articula en torno a una cadena de éxitos y de fracasos sucesivos que modelan nuestra experiencia e influyen en nuestras conductas. Siguiendo la línea de reflexión iniciada por Eric Berne, fundador del análisis transaccional, el psicólogo estadounidense Taibi Kahler explica que nuestras acciones están vinculadas a impulsores. Establece cinco: «Sé perfecto», «Sé fuerte», «Date prisa», «Complace» y «Esfuérzate». Estas afirmaciones, grabadas en nuestro subconsciente, influyen en nuestras actitudes y generan obstáculos que pueden presentarse de distintas formas. Las dos situaciones que describimos a continuación ilustran bien el proceso:

- **sé perfecto**. Alexandre es muy organizado y se ha mostrado a la altura de las circunstancias en el seguimiento del proyecto de periódico de empresa, planificando hasta el más mínimo detalle. Sin embargo, la versión final se ha quedado en suspenso durante varias semanas antes de ser publicada. ¿Qué ha ocurrido? ¿Por qué no se han respetado los plazos finalmente? Cuando su superior directo lo interroga durante la entrevista, descubre que Alexandre estaba bajo el influjo del impulsor «sé perfecto». Se ha pasado las últimas semanas releyendo la versión final, ya que su necesidad de perfección le ha arrebatado la prioridad a su sentido de la planificación;

- **compláceme**. El director ha confiado la redacción de un artículo urgente a su subalterna, Lauranne, para el final de la semana. Ella estaba planeando tomarse vacaciones, pero ha hecho un ejercicio de flexibilidad y ha pospuesto sus planes para alcanzar los nuevos objetivos. A cambio, el mánager la ha liberado de cualquier otra actividad para que pueda concentrarse en la redacción del artículo. Sin embargo, cuando llega el final de la jornada del viernes, Lauranne se pone nerviosa, sentada delante de su ordenador, puesto que todavía le falta mucho para terminar. ¿Qué ha ocurrido? En realidad, ha ayudado a Gilles a bajar las cajas de cartón a los archivos, ha consolado a Julie, que acaba de separarse, ha fotocopiado expedientes para Claudine, etc. Por querer complacer y dejar que todo el mundo pase antes que ella, Lauranne no ha alcanzado su objetivo.

Para superar estos impulsores y desbloquear la situación, podemos utilizar un mensaje que entrega «una autorización» para funcionar de otra manera.

Impulsor	Autorización
Sé perfecto	«Tienes derecho a cometer errores».
Sé fuerte	«Tienes derecho a sentir emociones y sensaciones».
Date prisa	«Tienes derecho a tomarte tu tiempo».
Complace	«Tienes derecho a vivir según tus valores (y no los de los demás) y a agradarte».
Esfuérzate	«Tienes derecho a alcanzar tus propios objetivos, pero también a limitarte».

La evaluación es el momento ideal para delegar las responsabilidades y fijar los objetivos individuales, por lo que parece útil explotar las ventajas que genera un método de este tipo. Por consiguiente, confía las misiones urgentes a personas que responden al impulsor «date prisa», las misiones meticulosas a los «sé perfecto», los proyectos que requieren tenacidad a los perfiles «sé fuerte», etc. Como evaluado, valora tus puntos débiles recalcando tu preocupación por el detalle (sé perfecto), tu perseverancia (esfuérzate), tu empatía hacia los miembros del equipo (complace), tu rapidez de ejecución (date prisa) o tu resistencia ante las situaciones emotivas (sé fuerte).

¡AHORA ES TU TURNO!

EJERCICIO DE AUTOEVALUACIÓN

Para prepararte de manera eficaz para tu entrevista de evaluación, plantéate las siguientes preguntas. Te guiarán en tu reflexión y te ayudarán a construir tus argumentos, a identificar tus objetivos futuros y los problemas a los que te has enfrentado durante el año anterior, etc.

Puesto actual

- ¿Cuáles son las principales funciones de tu puesto?
- ¿Qué tareas de todas las que efectúas te gustan especialmente y cuáles te aburren?
- ¿Han evolucionado tus actividades durante el periodo?

Acontecimientos importantes del periodo en cuestión

- ¿Qué acontecimientos profesionales te han parecido particularmente importantes en tu actividad? ¿Han desempeñado un papel positivo o negativo?

Balance sobre tu actividad

- ¿Has mejorado tus conocimientos y tus competencias durante el periodo?
- ¿Has tenido a tu disposición los medios necesarios para desarrollar tus competencias?
- ¿Estás satisfecho con los resultados?
- ¿Qué ha facilitado o frenado el cumplimiento de tus objetivos?

Competencias en tu puesto y mejora

- ¿Qué competencias y capacidades te parecen más importantes para dominar tu puesto?
- ¿Qué competencias y conocimientos piensas que puedes mejorar?
- ¿Deseas seguir una formación para desarrollar ciertas competencias?

Objetivos para el año siguiente

- ¿Cuáles son tus principales objetivos profesionales a nivel individual y colectivo?
- ¿Qué consecuencias tendrán estos objetivos en tu puesto, en tu equipo, en la empresa, etc.?
- ¿Cuáles son tus proyectos de evolución de carrera? ¿Te gustaría cambiar de puesto? ¿Adquirir más responsabilidades? ¿O por el contrario te gustaría tener menos?

PARA IR MÁS ALLÁ

FUENTES BIBLIOGRÁFICAS

- Barrier, Guy. 2013. *Les langages du corps en relation d'aide. La communication non verbale au-delà des mots.* París: ESF.
- Bransford, John D. y Barry S. Stein. 1984. *The ideal problem solver: guide for improving thinking, learning and creativity*, 12, figura 2.1. Wallingford: W. H. Freeman and Company.
- Campbell, John P., Michael Blake Gasser y Frederick L. Oswald. 1996. *The substantive nature of job performance variability. In individual differences and behavior in organizations*, cap. 7. Editado por Kevin R. Murphy. San Francisco: Jossey-Bass Publishers.
- Cardon, Alain, Vincent Lenhardt y Pierre Nicolas. 2003. *L'analyse transactionnelle.* 2.ª ed. París: Éditions d'Organisation.
- De Ketele, Jean-Marie y Xavier Roegiers. 2009. *Méthodologie du recueil d'informations. Fondement des méthodes d'observation, de questionnaire, d'interview et d'études de documents.* 4.ª ed. Bruselas: De Boeck.
- DeVito, Joseph A., Gilles Chassé y Carole Vézeau. 2001. *La communication interpersonnelle.* Montréal: Pearson ERPI.
- Ebacher, Annick, Danielle Desbiens y Roland Foucher. 2003. "Les comportements suscitant la confiance des subordonnés. Un examen de trois déterminants possibles". *Évaluation et développement des compétences au travail*, 361-369. Lovaina la Nueva: Presses universitai-

res de Louvain.

- Eisenberger, Robert y Florence Stinglhamber. 2011. *Perceived organizational support: fostering enthusiastic and productive employees*. Washington: Magination Press (American Psychological Association).
- Gaunand, Antonin. "Les styles de leadership selon Hersey et Blanchard". *Antonin Gaunand*. Consultado el 30 de noviembre de 2016. http://www.antonin-gaunand.com/leadership/les-styles-de-leadership-selon-hersey-et-blanchard/
- Granger, Raphaëlle. 2016. "Méthode SMART". *Manager Go*. 21 de octubre. Consultado el 30 de noviembre de 2016. http://www.manager-go.com/vente/metho-de-smart.htm
- Guittet, André. 2008. *L'entretien. Techniques et pratiques*. París: Armand Colin.
- Idem commercial, "Fonctionnement". Consultado el 30 de noviembre de 2016. http://www.idem-commercial.com/page/1472_process_com_comportement_sous_stress_taibi_kahler_profil_de_personnalite_stress_besoin_psychologique_communication_motivation_perseverant_promoteur_empathique_rebelle_travaillomane_reveur.php
- Jacquet, Stéphane. "Le leadership: un état personnel, des capacités ou une réelle intelligence situationnelle? Présentation des grands courants d'explication du leadership". *CREG*. Consultado el 30 de noviembre de 2016. http://www.creg.ac-versailles.fr/IMG/pdf/leardership.pdf
- Jussim, Lee. 1986. "Self-fulfilling prophecies: a theoretical and integrative review". *Psychological review*, vol. 93,

n.º 4, 429-445.

- Jussim, Lee y Kent D. Harber. 2005. "Teacher expectations and self-fulfilling prophecies: knowns and unknowns, resolved and unresolved controversies". *Personality and Social Psychology Review*, vol. 9, n.º 2, 131-155.
- Lambert, Slim. 2006. *Les secrets du leader manager idéal*. París: Vuibert.
- Lévy-Leboyer, Claude. 2007. *Évaluation du personnel. Quels objectifs? Quelles méthodes?*, 6.ª ed. París: Éditions d'Organisation.
- Lévy-Leboyer, Claude. 2007. *Le 360°. Outil de développement personnel*. París: Éditions d'Organisation.
- MEDEF, "L'entretien annuel d'évaluation: mode d'emploi". Consultado el 30 de noviembre de 2016. http://publications.medef.com/MEDEF-rh/Fiche-pratique-entretien-annuel-evaluation-mode-emploi.pdf
- Motiv RH, "Les 6 types de personnalité dans la méthode Process communication". Consultado el 30 de noviembre de 2016. http://www.motivrh-formation.com/les-6-types-de-personnalite- dans-le-modele-process-communication
- Stewart, Ian y Vann Joines. 2000. *Manuel d'analyse transactionnelle*. París: InterÉditions.

FUENTES COMPLEMENTARIAS

- Alexandre-Bailly, Frédérique, Denis Bourgeois, Jean-Pierre Gruère, Nathalie Raulet-Croset y Christine Roland-Levy. 2009. *Comportements humains et management*. 3.ª ed. París: Pearson Éducation.

- Devers, Thomas. 1985. *Communiquer autrement*. París: Éditions d'Organisation.
- Fisher, Roger, William Ury y Bruce Patton. 1982. *Comment réussir une négociation*. París: Seuil.
- Foures, Éléna. 2003. *Comment coacher?* París: Éditions d'Organisation.

¡APRENDER
NUNCA ANTES FUE
TAN RÁPIDO!

www.en50minutos.es